Anne Scheller

Autos
für clevere Rennfahrer

Velber
kinderbuch

Inhalt

Auf die Plätze, fertig, los!
Bei jeder Bastelanleitung verraten dir kleine Flaggen, wie gut deine Fähigkeiten als Autobauer sein müssen. Je mehr Flaggen, desto schwieriger ist das Modell.

Warum fahren Autos?

Damit ein Auto rasant über die Straße flitzen kann, braucht es einige wichtige Bauteile: rollende Räder, einen starken Antrieb und eine schnittige Karosserie.

Die Räder

Das Rad ist eine der wichtigsten Erfindungen der Menschheit. Bevor es erfunden wurde, musste man schwere Lasten schieben oder ziehen. Das ist anstrengend! Die Last und der Boden haften nämlich aneinander – umso stärker, je rauer die Oberflächen sind. Du kannst diesen unterschiedlich starken Widerstand selbst spüren, wenn du einen vollen Einkaufskorb erst über einen Teppich, dann über Fliesen ziehst: Auf den Fliesen geht es viel einfacher.

Noch weniger Widerstand entsteht beim Abrollen eines Rades. Auf einem Wagen mit Rädern, der von Menschen, Zugtieren oder Motoren angetrieben wird, kann man daher allerhand transportieren.

Auch als Lenkrad kommt das Rad in jedem Fahrzeug zur Verwendung. Ohne Rad würde einfach nichts mehr rund laufen!

Der Antrieb

Die meisten Autos auf unseren Straßen fahren mit einem Motor, der Benzin oder Dieselkraftstoff verbrennt. Dabei entstehen giftige Abgase. Daher suchen die Ingenieure nach anderen Antrieben, die umweltfreundlicher und auch leiser sind.

Die Karosserie

Die Karosserie ist die äußere Hülle des Autos. Sie besteht meist aus Stahlblech. Ist ihre Form flach und hat abgerundete Kanten, dann strömt der Fahrtwind leicht über das Auto hinweg. Es wird weniger vom Wind gebremst und spart Kraftstoff.

Die Tricks der Ingenieure

Die Werkzeuge

Wie ein richtiger Autobauer brauchst du zum Basteln verschiedene Werkzeuge wie Stifte, Pinsel und Lineal. Beim Umgang mit Zirkel, Schere, Cutter, Küchenmesser und Vorbohrer musst du besonders vorsichtig sein. Bitte einen Erwachsenen darum, dir zu helfen!

Die Räder

Das Wichtigste an deinen selbst gebastelten Fahrzeugen sind die Räder. Hauptsache rund – du kannst Deckel von Milch- und Safttüten, von Limo- und Wasserflaschen nehmen. Auch die Blechdeckel von Schraubgläsern eignen sich gut. Ist der Klebefilm aufgebraucht, kannst du die innere Plastikrolle verwenden. Hast du eine Oma, die viel näht? Dann frage sie nach leeren Garnrollen.

Die Achsen

Achsen sind die Stangen, an denen jeweils zwei Räder befestigt sind. Damit das Auto gut fährt, müssen sie genau parallel verlaufen, d.h. sie müssen überall gleich weit voneinander entfernt sein.

Die Karosserie

Dosen, Schachteln und längliche Papprollen für die Fahrzeugkarosserie findest du überall im Haushalt. Gestalte sie ganz nach Lust und Laune mit Farben, Aufklebern und Beschriftungen. Einzige Einschränkung: Die Fahrzeuge sollten nicht zu schwer werden, damit die Achsen nicht brechen und das Auto gut fährt.

Antriebe

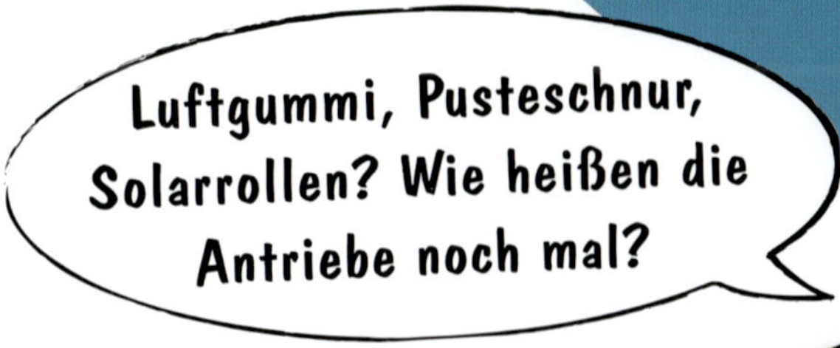

Was beim echten Fahrzeug meist von einem Motor geleistet wird, der mit Benzin oder Diesel fährt, kannst du bei den selbst gebauten Fahrzeugen durch verschiedene Antriebe erreichen: volle Fahrt voraus! Wenn du alle Antriebe kennst, kannst du bald deine eigenen Flitzer bauen.

Rollen lassen

Mit einem kräftigen Schubs fährt jedes Auto gut. Bergab auf einer Rampe aus großen Büchern oder alten Brettern geht es noch schneller.

Schnur

Befestige eine Schnur am Fahrzeug und ziehe es. Kannst du es auch an deinen Gepäckträger binden?

Luftballon

Ein auf dem Fahrzeug befestigter Luftballon treibt das Fahrzeug mit Windkraft vorwärts. Blase den Luftballon auf und lasse los. Die Luft im Ballon entweicht durch den engen Luftballonhals. Das Fahrzeug wird in die entgegengesetzte Richtung gedrückt. Diese Kraft nennt man Rückstoß.

Pusten

Ist dein Fahrzeug ungefähr wie ein Becher geformt (wie das Cabrio-Modell) und du pustest kräftig hinein, zischt es los. Du kannst auch einen leeren Joghurtbecher oder ein Segel aus festem Papier auf dem Auto anbringen. Pure Windenergie!

Solarzellen

Solarzellen zum Basteln sind über ein Kabel mit einem Motor verbunden. Stellst du dein Auto in die Sonne, fährt es wie von Geisterhand. Die Energie der Sonnenstrahlen macht es möglich.

Gummiband

An den Achsen des Fahrzeugs wird ein Gummiband befestigt. Wickle es straff auf. Das geht schwer, oder? Die Kraft, die du zum Drehen brauchst, wird im Gummiband gespeichert. Wenn du loslässt, wird sie freigesetzt und treibt das Auto voran.

Oldtimer

Zu Fuß oder in Kutschen – so bewegten sich die Menschen viele Jahrhunderte vorwärts. Schon vor über 200 Jahren kamen Erfinder auf die Idee, Fahrzeuge mit Dampf anzutreiben. Bei der Eisenbahn funktionierte das prima, bei Wagen auf der Straße weniger.

1886 konnte der Ingenieur Carl Benz die erste Fahrt mit einem ganz neuartigen Wagen unternehmen: Sein Motorwagen wurde von einem Verbrennungsmotor angetrieben. Fast gleichzeitig erfand Gottlieb Daimler eine Motorkutsche, die ebenfalls mit Benzin fuhr.

Die ersten Autos unterschieden sich noch stark von unseren heutigen. Sie sahen aus wie offene Kutschen ohne Pferd und waren gerade einmal 15 km/h schnell – das schaffst du mit dem Fahrrad, wenn du kräftig strampelst, auch. Weil die neuen Wagen wie von Zauberhand fuhren, nannte man sie „Automobile“ (Latein: von selbst beweglich).

Der Ford T aus den USA war das erste Auto, das vor etwa 100 Jahren von vielen Millionen Menschen gekauft wurde. Zu einem noch größeren Welthit wurde der deutsche VW Käfer. Von 1938 bis 2003 rollten mehr als 20 Millionen der kleinen Autos vom Fließband.

Spiel für die Rennfahrerparty

Oldtimer mit Hilfsmotor

Mit einem 20 Zentimeter langen Stock und einer vier Meter langen Schnur für jeden Fahrer rollen eure Oldtimer noch schneller. Jeder Mitspieler öffnet die Motorhaube, knotet ein Ende der Schnur an die Vorderachse und das andere Ende an den Stock. Stellt die Autos nebeneinander und setzt euch so weit von ihnen weg, wie es die Schnüre erlauben. Beim Startsignal wickelt jeder Spieler die Schnur auf den Stock. Wer seinen Oldtimer zuerst bei sich hat, ist Sieger.

Bastelanleitung für den Oldtimer

Du brauchst:

1 6er-Eierkarton, 1 Deckel von einem Schraubglas (5 cm Durchmesser), Acrylfarbe in Schwarz, Dunkelblau und Weiß, Rest Bastelfolie in Silber, Rest feste Pappe, 6 Schaschlikspieße aus Holz, je 4 Holzperlen in Grün und Weiß (0,5 cm Durchmesser), Schere, Pinsel, Gelstift in Gold, Filzstift in Schwarz, Zirkel, Cutter, Vorbohrer, Bastelkleber

So geht's:

Aus einem Eierkarton entsteht ein schicker Oldtimer. Alles, was du dafür brauchst, sind verschiedene Farben, ein wenig Geduld und gute Ideen. Dann rattert und knattert dein Oldtimer los.

Schwierigkeitsgrad:

1 Schneide vom Eierkarton ein Drittel des Deckels und der Seitenlasche ab. Vom abgetrennten Deckelstück schneidest du den Rand bis auf etwa 2 cm ab.

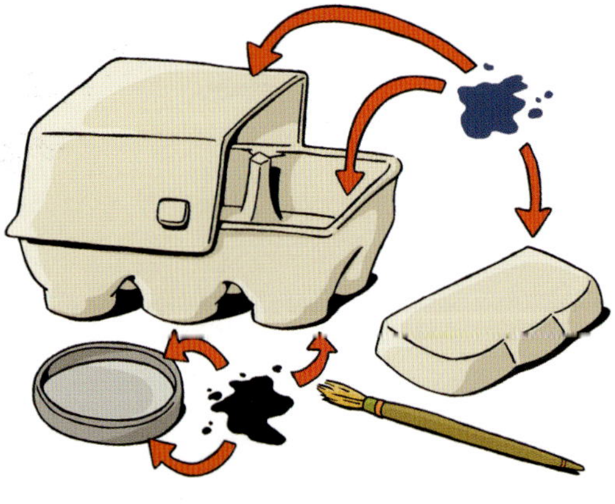

2 Bemale den Schraubglasdeckel innen und außen mit schwarzer Acrylfarbe. Auch das Unterteil des Eierkartons wird von außen schwarz. Bemale den Eierkartondeckel, die Seitenlasche, das abgetrennte Deckelstück und die Innenseite des Unterteils mit blauer Acrylfarbe. Lasse alles trocknen.

3 Verziere den Oldtimer mit dem goldfarbenen Gelstift. Schneide aus der Bastelfolie zwei Kreise (1,5 cm Durchmesser) und klebe sie als Scheinwerfer auf. Umrande sie in Gold.

4 Zeichne mit dem Zirkel fünf Kreise mit 4,6 cm Durchmesser (2,3 cm Radius) und fünf Kreise mit 3 cm Durchmesser (1,5 cm Radius) auf die Pappe. Es ist wichtig, dass du genau abmisst, damit die Räder später nicht am Eierkarton schleifen. Schneide die Kreise mit dem Cutter aus. Bemale die großen Kreise mit schwarzer, die kleinen mit weißer Acrylfarbe. Klebe nach dem Trocknen jeweils eine weiße auf eine schwarze Scheibe. Male mit dem Filzstift Speichen auf.

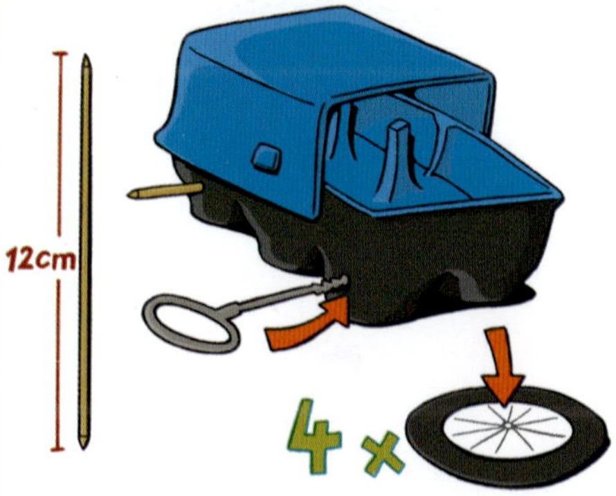

5 Kürze zwei Schaschlikspieße auf 12 cm. Spitze die stumpfen Enden mit dem Cutter an. Mit dem Vorbohrer pikst du Löcher in die Karosserie und mittig in die vier Räder.

6 Stecke die Spieße in die Karosserie. Schiebe auf jedes Ende ein Rad. Sie sollten sich locker drehen können. Stecke eine weiße Perle auf jedes Spießende und fixiere sie mit Bastelkleber. Klebe das übrige Rad auf den Schraubglasdeckel. Diesen Ersatzreifen fixierst du mit Bastelkleber hinten am Oldtimer.

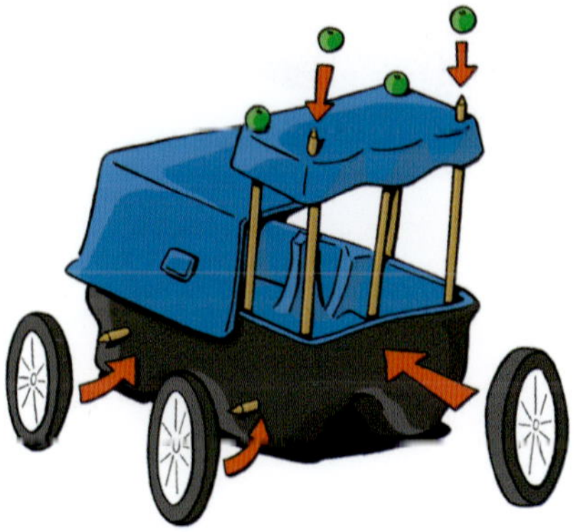

7 Bohre mit dem Vorbohrer je vier Löcher in das Dach und hinten in die Karosserie. Kürze vier Holzspieße auf 8 cm. Stecke die stumpfen Enden in den Oldtimer, die spitzen in das Dach. Klebe die grünen Holzperlen auf die Spitzen.

Rennfahrerrätsel

Was kam wann?

Sortiere die drei Oldtimer vom ältesten zum jüngsten. Die farbigen Buchstaben verraten dir, was die drei nicht sind:

☐☐☐☐☐N!

Die Auflösung findest du auf S. 47.

VW Käfer

Ford T

Motorkutsche

Stadtflitzer

Motorgeräusche, volle Fahrbahnen und parkende Wagen am Straßenrand – das alles ist für uns normal. Wer in der Stadt Auto fährt, muss an Ampeln, Kreuzungen, Abzweigungen und in Staus abbremsen und wieder anfahren. Das kostet viel Kraftstoff, denn dabei muss der Motor das ganze schwere Auto aus dem Stand beschleunigen und mit viel Kraft wieder abbremsen.

Für die Fahrt durch die Stadt eignen sich daher besonders Autos, die klein sind und wenig wiegen. Diese verbrauchen wenig Kraftstoff. Es gibt sogar richtig winzige Autos mit nur zwei Sitzen und einem kleinen Kofferraum. Das ist ideal für Menschen, die meist allein unterwegs sind, etwa zur Arbeit. Ein weiterer Vorteil: Mit den Miniautos kommt man selbst in die kleinsten Parklücken. Dabei unterstützt die sogenannte „Servolenkung" den Fahrer zusätzlich. Sie verstärkt die Kraft, mit der der Fahrer am Lenkrad dreht, um die Räder zu bewegen.

Spiel für die Rennfahrerparty

Luftballontreter

Löst eure Luftballons vorsichtig vom Stadtflitzer, blast sie auf und bindet sie mit einem Stück Schnur an euer Fußgelenk. Auf los geht's los: Eine Minute lang versuchen alle Mitspieler, die Luftballons der anderen kaputt zu treten. Dabei müsst ihr euren eigenen Ballon natürlich gut beschützen! Wessen Ballon bleibt bis zum Schluss heil?

Bastelanleitung für den Stadtflitzer

Du brauchst:

3 leere Streichholzschachteln, Metallfolie (eine Seite Grün, die andere Gold), 1 Strohhalm, 1 kleinen Korken, Filzstift in Schwarz, 1 Schaschlikspieß aus Holz, Rest Papier in Weiß, 1 Gummiring, 1 Luftballon, Bastelkleber, Klebefilm, Schere, Messer

So geht's:

Streichholzschachteln und Metallfolie sind die wichtigsten Zutaten für diesen glänzenden Stadtflitzer. Er wird richtig schnell, wenn du den Luftballon aufbläst, den Hals zudrückst und dann loslässt!

Schwierigkeitsgrad: 

1 Beginne mit dem Unterteil: Klebe dazu zwei Streichholzschachteln an den Schmalseiten aneinander. Wickle sie wie ein Geschenk in Metallfolie und befestige die Folie mit Klebefilm.

2 Du brauchst nun die Hülle der dritten Streichholzschachtel. Schneide die Enden schräg ein, wie auf der Zeichnung zu sehen. Falte die Enden erst nach oben, klappe sie dann nach innen ein und fixiere sie mit Klebefilm.

3 Wickle die Schachtel ebenfalls in Metallfolie ein. Befestige sie mit Bastelkleber auf dem Unterteil des Autos.

4 Schneide vom Strohhalm zwei 4 cm lange Stücke ab. Klebe sie 2,5 cm vom vorderen bzw. hinteren Rand entfernt auf die Unterseite des Fahrzeugs.

5 Schneide vom Korken vier Scheiben (etwa 0,5 cm dick) ab und male sie mit dem Filzstift schwarz an. Schneide aus der Metallfolie vier Kreise, etwas kleiner als die Korkenscheiben. Klebe sie mit der goldenen Seite nach oben darauf.

6 Schneide vom Holzspieß zwei 5 cm lange Stücke ab und spitze die Enden mit dem Messer an. Schiebe die Spieße durch die Strohhalme und stecke die Räder auf die Enden. Schneide aus weißem Papier zwei Rechtecke für die Fenster zu und klebe sie auf.

7 Lege den Gummiring um das Fahrzeug und klemme den Luftballon mit der Öffnung nach hinten darunter. Das Gummi darf nur so eng sitzen, dass du den Ballon noch aufblasen kannst, aber nicht so weit, dass er verrutscht.

Rennfahrerrätsel

In der Stadt

Warum verbrauchen Autos im Stadtverkehr besonders viel Treibstoff? Kreise die falsche Antwort ein.

Die Auflösung findest du auf S. 47.

Cabrio

Bei schönem Wetter mit dem Auto über Land düsen, das macht Spaß. Besonders nah an der Natur fühlt man sich in einem Cabriolet oder kurz „Cabrio“. Diese Autos haben ein Dach aus Stoff. Man kann es zusammenfalten und hinten in einem extra Stauraum unterbringen. Und schon weht einem der Fahrtwind um die Nase!

Das Cabrio hat – wie die meisten anderen Autos – einen Motor, der von Nicolaus Otto erfunden wurde. Das wichtigste Bauteil des Motors sind vier Kolben aus Metall. Sie sehen so ähnlich aus wie große Nägel mit breiten Köpfen. Die Kolben stecken in genau passenden Metallröhren, den Zylindern. Darin bewegen sich die Kolben auf und ab. Zuerst wird ein Gemisch aus Benzin und Luft angesaugt und der Zylinder bewegt sich nach unten. Als Nächstes fährt er wieder nach oben und presst das Gemisch zusammen. Ein Funken aus der Zündkerze entzündet es. Diese Mini-Explosion drückt den Kolben wieder hinunter. Seine Bewegungskraft wird auf die Räder übertragen. Das Auto fährt! Zuletzt wandert der Zylinder wieder nach oben und drückt die Abgase aus dem Kolben heraus. So geht es immer weiter, solange das Auto in Betrieb ist.

Spiel für die Rennfahrerparty

Der geschickteste Rennfahrer

Alle Rennfahrer beweisen mit dem Cabrio ihre Geschicklichkeit. Malt mit Kreide eine Rennstrecke auf den Boden. Legt fest, wie man fahren soll: ein Stück blitzschnell, ein Stück im Schneckentempo, in Schlangenlinien, um Hindernisse herum oder Rampen aus Büchern hinauf und hinunter. Wer macht die wenigsten Fehler?

Bastelanleitung für das Cabrio

Du brauchst:
1 Toilettenpapierrolle, Rest Pappe, 4 Flaschendeckel aus Kunststoff, 1 Strohhalm, 1 Schaschlikspieß aus Holz, Rest Knete, Rest Bastelfolie in Silber, Rest weißes Papier, Acrylfarbe in Hellblau und Hellgelb, Pinsel, Schere, Messer, Zirkel, Vorbohrer, Bastelkleber, Filzstift in Schwarz

So geht's:
Dieses schnittige Cabrio ist oben offen und wird allein von der Kraft deiner Puste vorwärtsgetrieben. Übrigens: Die hellen Farben kannst du selbst herstellen, wenn du weiße mit blauer oder gelber Farbe mischst.

Schwierigkeitsgrad: 

1 Bemale die Toilettenpapierrolle außen mit hellblauer, innen mit hellgelber Acrylfarbe. Schneide aus der Pappe einen Kreis mit 5 cm Durchmesser (2,5 cm Radius) aus. Male ihn vorne hellblau, hinten hellgelb an. Lasse alles gut trocknen.

2 Zeichne mittig auf den Pappkreis einen zweiten Kreis mit 4 cm Durchmesser (2 cm Radius). Ritze die Linie mit dem Messer leicht an. Mache kleine dreieckige Einschnitte wie auf der Zeichnung und falte die entstandenen Klebelaschen nach hinten. Klebe den Kreis mit Bastelkleber in die Toilettenrolle hinein, sodass diese vorne verschlossen wird.

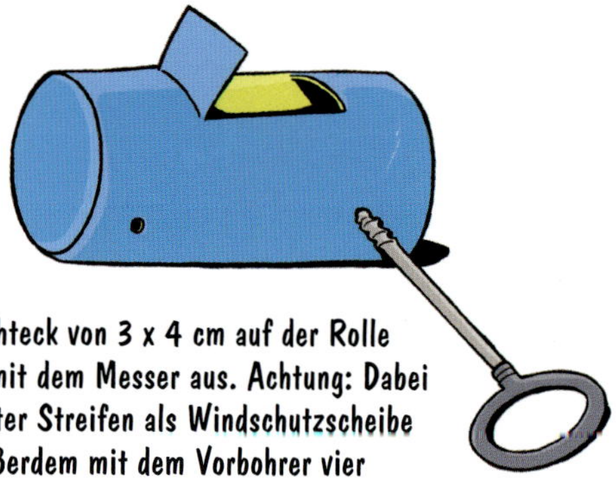

3 Markiere ein Rechteck von 3 x 4 cm auf der Rolle und schneide es mit dem Messer aus. Achtung: Dabei soll vorne ein 1,5 cm breiter Streifen als Windschutzscheibe stehen bleiben! Bohre außerdem mit dem Vorbohrer vier Löcher für die Achsen in die Rolle.

4 Schneide vom Strohhalm zwei 5 cm lange Stücke ab und stecke sie durch die Löcher. Schneide vom Spieß zwei 7 cm lange Stücke ab und schiebe sie durch die Strohhalme. Fülle die Flaschendeckel mit Knete und stecke sie auf die Spieße.

5 Klebe Felgen und Scheinwerfer aus Bastelfolie auf. Schneide aus weißem Papier eine Windschutzscheibe und klebe sie ebenfalls auf. Verziere das Cabrio mit dem schwarzen Filzstift.

6 Kopiere den Fahrer (Vorlage auf S. 44), schneide ihn aus und male ihn bunt an. Klebe ihn in das Cabrio.

Rennfahrerrätsel

Wie heißt der Motor?

Wie nennt man den Verbrennungsmotor mit den Kolben und Zylindern auch? Kreise ein.

Die Auflösung findest du auf S. 47.

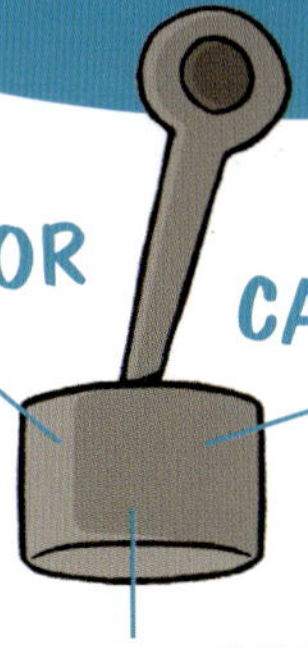

Kombi

Wie ein Lastwagen kann der Kombi viel Ladung an Bord nehmen, ist aber viel kleiner und wendiger. Er kombiniert also die Vorteile von Lkw und Pkw, daher auch sein Name. Kombis sind besonders bei Familien beliebt, die Platz für Einkäufe und Gepäck brauchen. Und noch einen Vorteil bieten der große Kofferraum und die lange Nase: Sie bilden die „Knautschzone". Dieser Teil des Fahrzeugs kann bei einem Unfall die Kraft des Aufpralls aufnehmen, ohne dass die Mitfahrer verletzt werden.

Eine weitere wichtige Erfindung für die Sicherheit im Auto ist der Gurt. Er hält dich fest, wenn der Fahrer heftig bremsen muss, und verhindert, dass du dich verletzt. Bist du noch unter zwölf und kleiner als 1,50 Meter, ist dein Platz in einem speziellen Kindersitz. Denn die Gurte für die Großen können dich noch nicht gut genug sichern.

Bei einem schweren Unfall werden die Airbags wichtig. Das Wort ist Englisch und wird „Ährbägs" ausgesprochen (*air* = Luft und *bag* = Tasche). Die großen Stoffbeutel können im Lenkrad, vor den Sitzen und in den Türen versteckt sein. Bei einem Zusammenstoß füllen sie sich blitzschnell mit einem speziellen Gas und federn den Aufprall für die Mitfahrer wie mit einem Kissen ab.

Spiel für die Rennfahrerparty

Verfolgungsjagd

Für dieses Spiel braucht ihr viel freie Fläche. Ein Rennfahrer fängt an: Er pustet seinen Luftballon auf und lässt den Kombi fahren. Er lässt ihn dort stehen, wo er anhält. Nacheinander lassen die anderen Rennfahrer ihre Autos hinterherfahren und versuchen, einen Zusammenstoß zu verursachen. Wer es mit den wenigsten Versuchen schafft, ist Sieger. Er darf als Nächster wegfahren.

Bastelanleitung für den Kombi

Du brauchst:
1 leere Milchtüte mit Schraubverschluss (1 l), Klebefolie, Rest Tonpapier, 2 Trinkhalme, 4 Bierdeckel, 2 Schaschlikspieße aus Holz, 4 Holzscheiben und 4 Holzkugeln mit Loch (1,2 cm Durchmesser), Messer, Schere, Klebefilm, Stecknadel mit dickem Kopf, Bastelkleber

So geht's:
Dieser Kombi hat genug Platz im Laderaum, um Spielzeugfiguren und ihr Gepäck mitzunehmen. Vom Rückstoß angetrieben, flitzt er jedem Sportwagen davon. Blase einfach den Luftballon auf und drücke den Hals schnell zu, wenn der Ballon voll ist. Kombi auf den Boden setzen, loslassen – und ab geht die Post!

Schwierigkeitsgrad: 

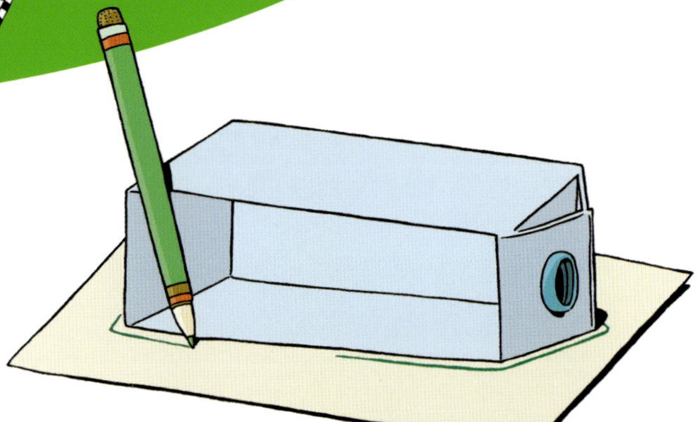

1 Spüle die Milchtüte mit Wasser aus und lasse sie trocknen. Schneide nun die vordere lange Seite der Milchtüte unterhalb des Schraubverschlusses ab.

2 Beklebe die Milchtüte außen mit farbiger Klebefolie. Dazu legst du die Tüte auf die Folie, umfährst mit einem Stift die Kanten und schneidest entlang der Linie aus. Mit Tonpapierresten kannst du Lichter, Türen und andere Verzierungen gestalten.

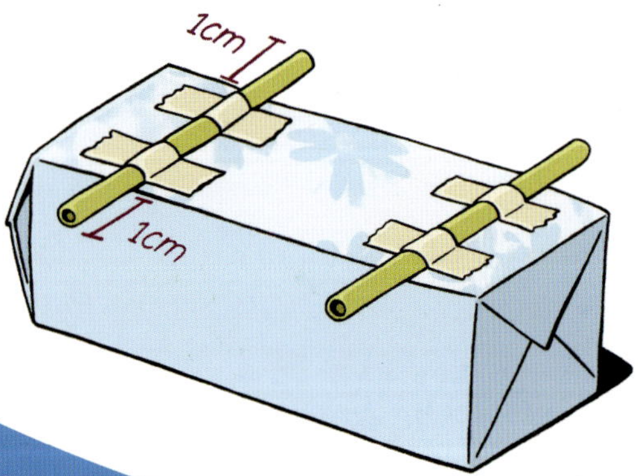

3 Kürze die Trinkhalme so, dass sie 2 cm länger als die schmale Seite der Milchtüte sind. Befestige sie mit Klebefilm als Achsen auf der Unterseite des Milchkartons. Achte darauf, dass die Halme genau parallel verlaufen, damit dein Auto gut fährt.

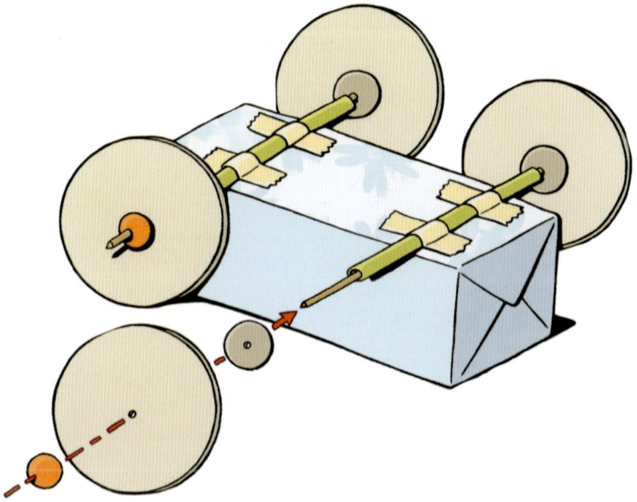

4. Pikse mit der Stecknadel Löcher in die Mitte der vier Bierdeckel. Durch Drehen und Wackeln der Nadel kannst du die Löcher etwas erweitern. Stecke probeweise die Schaschlikspieße in die Löcher. Sie sollen gerade so hineinpassen.

5. Schiebe die Spieße durch die Trinkhalme. Stecke an beiden Enden je eine Holzscheibe, einen Bierdeckel und eine Holzkugel auf den Spieß. Achte darauf, dass zwischen Holzscheiben und Trinkhalm etwa 0,5 cm Platz bleibt.

6. Befestige die Holzscheiben und -kugeln mit Bastelkleber am Bierdeckel und am Schaschlikspieß. Kürze die Spieße mit der Schere direkt an den Holzkugeln.

7. Blase den Luftballon einmal auf und lasse die Luft wieder ab. Stecke ihn von innen nach außen durch den Verschluss und ziehe ihn an der Außenseite über den Verschlussrand.

Rennfahrerrätsel

Echt oder erlogen?

Der Rennfahrer hat sich drei neue Sicherheitssysteme für Autos ausgedacht. Zwei davon gibt es aber schon. Weißt du, welche?

Die Auflösung findest du auf S. 47.

Solarauto

Sicher weißt du, dass Autoabgase Gift für Mensch und Natur sind. Daher sollten wir möglichst wenig Auto fahren. Kurze Wege kann jeder mit dem Rad oder zu Fuß und längere Strecken mit Bus oder Zug zurücklegen. Aber auch die Autoingenieure suchen nach umweltfreundlicheren Techniken.

Sie entwickeln Motoren, die mit Erdgas, Wasserstoff und Rapsöl fahren. Es gibt auch schon Fahrzeuge, die zwei verschiedene Motoren haben: Bei langen Fahrten verwenden sie einen Dieselmotor. Im langsamen Stadtverkehr schalten sie automatisch auf einen sparsamen Elektromotor um, der Strom verbraucht.

Elektromotoren arbeiten auch in Solarautos. Auf ihrer Oberfläche erzeugen Solarzellen Strom aus der Sonne. Bei schlechtem Wetter setzt eine Batterie den Elektromotor in Schwung. Einziger Nachteil: Die Batterie muss recht häufig aufgeladen werden. Doch da es Stromkabel praktisch überall gibt, ist das nicht weiter schlimm. Das Solarauto kann man sogar an einer speziellen Steckdose in der heimischen Garage aufladen. Wird dieser Strom umweltfreundlich aus Sonnen-, Wind- oder Wasserkraft gewonnen, ist das Solarfahrzeug eine richtig gute Sache.

Spiel für die Rennfahrerparty

Schattenspender

Für dieses Spiel braucht ihr ein sonniges Plätzchen.
Stellt eure Fahrzeuge nebeneinander auf den Boden. Legt ein Ziel fest, zum Beispiel einen Baum oder eine Hauswand.
Auf ein Startsignal lassen alle ihre Autos möglichst schnell zum Ziel fahren. Versucht dabei, eure Mitspieler zu behindern, indem ihr euren Schatten auf ihr Auto fallen lasst. Trotzdem soll euer Auto in der Sonne bleiben. Wer bekommt die meiste Sonnenenergie ab und fährt als Erster ins Ziel?

Bastelanleitung für das Solarauto

Du brauchst:

Feste Pappe (9 x 27,5 cm), 1 Strohhalm, Fotokarton in Silber (ca. 50 x 30 cm), Rest Plastikfolie in Gelb, Rot und Silber (z. B. Verpackungen von Süßigkeiten), 4 Schraubdeckel von Tetrapaks, Rest Knete, 2 Schaschlikspieße aus Holz, Solar-Basisset (z. B. von www.eduwerk.com), Filzstift in Schwarz und Dunkelblau, Schere, Bastelkleber, Klebefilm, Cutter, doppelseitiges Klebeband

So geht's:

Das Solarset aus Solarzelle und Motor, die mit Kabeln verbunden sind, gibt es günstig im Internet zu kaufen. Damit kannst du ein tolles Auto bauen, das bei Sonnenschein von alleine losrollt.

Schwierigkeitsgrad: 🏁🏁🏁

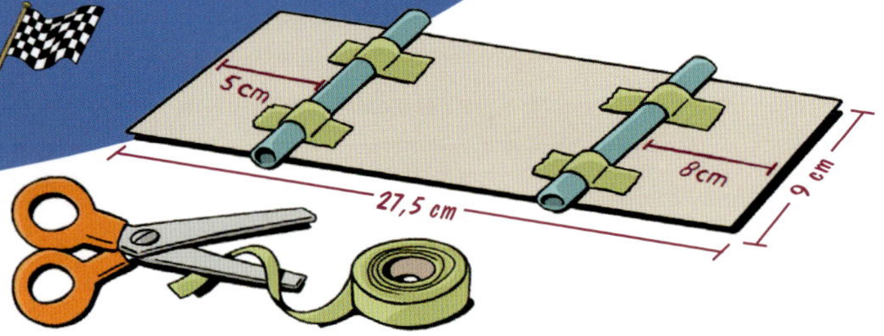

1. Schneide vom Strohhalm zwei 9 cm lange Stücke ab. Befestige sie mit Bastelkleber und Klebefilm als Achsen auf der Pappe.

2. Übertrage die Vorlage für das Seitenteil (S. 45) zweimal auf den Fotokarton und schneide es aus. Zeichne mit den Filzstiften Fenster, Türen und Solarzellen auf. Denke daran, eine linke und eine rechte Seite zu malen! Falte die Klebelaschen nach hinten.

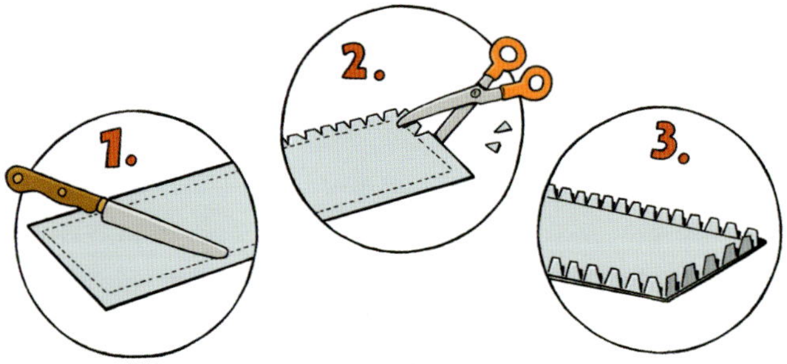

3. Schneide aus Fotokarton einen Streifen von 12 x 45 cm. Ritze mit dem Cutter und einem Lineal rundherum, immer 1,5 cm vom Rand entfernt, leicht ein. Dies sind die Klebekanten. Schneide kleine Dreiecke heraus, wie auf der Zeichnung zu sehen. Falte die Klebelaschen nach oben. Male Fenster und Solarzellen auf.

4 Schneide aus Folienresten Scheinwerfer und Rücklichter und klebe sie auf die Seitenteile und den langen Streifen.

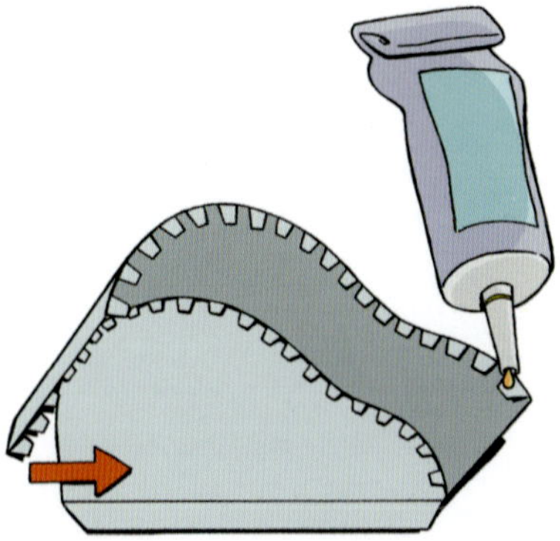

5 Tupfe Klebstoff auf die Klebelaschen am langen Streifen und klebe ihn an ein Seitenteil. Biege den Streifen dabei so, dass er die Form des Seitenteils annimmt. Lasse den Klebstoff trocknen, bevor du das Unterteil anklebst. Befestige anschließend das zweite Seitenteil am Fahrzeug.

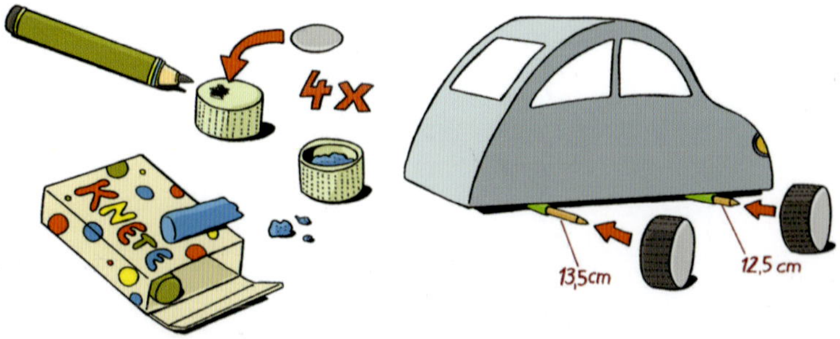

6 Bemale die vier Deckel mit dem schwarzen Filzstift und beklebe sie mit silberfarbener Folie. Fülle sie mit Knete. Kürze einen Spieß auf 12,5 cm, den anderen auf 13,5 cm Länge. Führe den längeren hinten durch den Strohhalm, den kürzeren vorne. Stecke die Räder genau in die Mitte der Knete, damit das Auto gut fährt.

7 Nun brauchst du das Solarset. Schiebe den mitgelieferten Schlauch auf die Drehachse am Motor. Kürze ihn so, dass er nicht übersteht. Klebe die Solarzellen mit doppelseitigem Klebeband auf das Dach und den Motor an die Seite des Autos. Achte darauf, dass die Achse des Motors das Hinterrad berührt und so die Drehbewegung des Motors auf das Rad übertragen wird.

Rennfahrerrätsel

Sonne überall

Solarzellen finden sich nicht nur auf Autos, sie erzeugen auch an anderen Orten Strom. Weißt du, wo sie zum Einsatz kommen? Male eine Sonne um die richtigen Wörter.

Die Auflösung findest du auf S. 47.

Hausdächer

Handy

Fahrrad

Taschenrechner

Raumstation ISS

Stretchlimousine

Ob Formel-1-Meister, Schauspieler oder Musiker: Wollen Promis zu einer Party, fahren sie häufig in überlangen Stretchlimousinen am roten Teppich vor. Die Luxusautos sind meist etwa zehn Meter lang und bieten neben bequemen Ledersitzen auch ausreichend Platz für Kühlschrank, Musikanlage, Computer und Fernsehapparat. In noch längeren Promi-Autos macht man es sich auf Sofas oder Betten gemütlich. Die längste bisher gebaute Stretchlimo, wie man die Fahrzeuge kurz nennt, ist gut 30 Meter lang. An Bord gibt es sogar ein Schwimmbecken mit Sprungturm und einen Hubschrauberlandeplatz!

Solche Fahrzeuge sind sehr schwer und können selbst mit einem starken Motor nur langsam fahren. Dabei verbrauchen sie so viel Kraftstoff wie ein Lkw. Unpraktisch ist auch die enorme Länge des Autos: Damit kommt man nämlich nur schlecht um enge Kurven.

Stretchlimousinen werden nicht in normalen Autofabriken gebaut. Spezialbetriebe nehmen ein gewöhnliches Auto, schneiden es in zwei Teile und fügen eine Verlängerung ein. Dann wird die teure Einrichtung eingebaut und los geht es zur ersten Party!

Spiel für die Rennfahrerparty

Ampeln

Die Stretchlimousinen sollen berühmte Stars zu einer großen Party abholen. Wenn nur die vielen Ampeln nicht wären! Bestimmt einen Spielleiter. Er gibt die Kommandos und passt auf, dass die Mitspieler alles richtig machen. Die Spieler stellen ihre Limousinen auf den Boden. Bei „Grün!" dürfen alle fahren. Bei „Gelb!" werden alle schneller, um es noch über die Ampel zu schaffen. Bei „Rot!" halten alle an. Wer einen Fehler macht, scheidet aus. Wer ist der beste Fahrer und als Letzter im Spiel?

Bastelanleitung für die Stretchlimousine

Du brauchst:
1 Küchenpapierrolle, 1 Korken, 4 Reißzwecken mit goldfarbenen Köpfen, 1 Strohhalm, 1 Schaschlikspieß aus Holz, Rest Bastelfolie, Acrylfarbe in Weiß, Rot und Gold, Filzstift in Schwarz, Pinsel, Schere, Bastelkleber, Klebefilm, Messer, Lineal

So geht's:
Die extralange Stretchlimousine entsteht aus einer Papierrolle und wird mit der passenden Deko richtig glamourös. So können sich Rennfahrer und andere Stars bequem zur nächsten Promiparty kutschieren lassen!

Schwierigkeitsgrad:

1 Bemale die Papierrolle außen mit weißer Farbe. Schimmert es nach dem Trocknen noch grau durch, bemale sie noch einmal.

2 Kopiere die Vorlagen (S. 45) und schneide sie aus. Übertrage die fett markierte Schneidelinie jeweils auf beiden Seiten auf das hintere bzw. vordere Ende der Rolle.

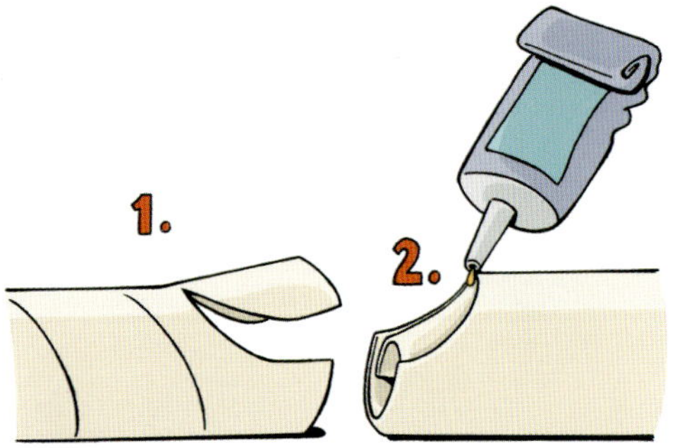

3 Schneide die aufgezeichneten Linien vorne und hinten ein. Knicke die entstehenden Klappen als Front bzw. Heck nach unten. Befestige sie mit Bastelkleber.

4 Schneide vier Scheiben (etwa 0,5 cm dick) vom Korken ab. Male sie mit dem Filzstift schwarz an und stecke die Reißzwecken mittig hinein.

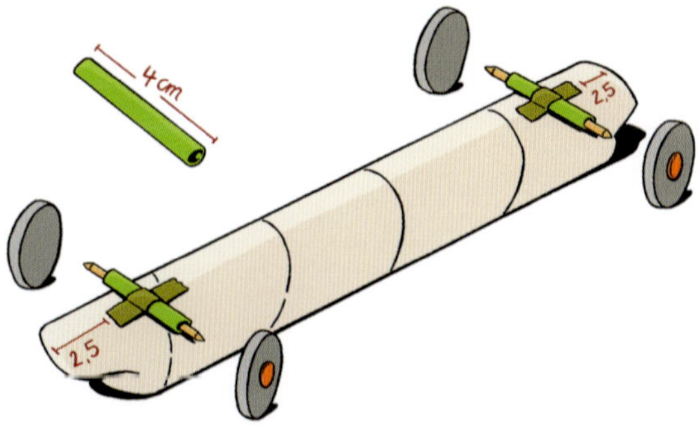

5 Schneide vom Strohhalm zwei 4 cm lange Stücke ab. Befestige sie mit Bastelkleber und Klebefilm 2,5 cm vom vorderen bzw. hinteren Rand entfernt an der Unterseite der Limousine. Vom Spieß schneidest du zwei 5,5 cm lange Stücke und spitzt die stumpfen Enden mit dem Messer an. Führe die Spieße durch die Strohhalme und pikse die Korkenräder darauf.

6 Male mit dem Filzstift Fenster und Türen auf. Das Lineal hilft dir, gerade Linien zu ziehen. Scheinwerfer und Rücklicht malst du mit goldener und roter Farbe auf. Mit der Bastelfolie kannst du deine Stretchlimo für die darin fahrenden Stars und Sternchen passend dekorieren.

Rennfahrerrätsel

Autos bauen

Dieses Rätsel vertreibt die Zeit auf langen Autofahrten. Der erste Spieler nennt einen Begriff rund um das Thema Fahrzeuge, zum Beispiel Auto. Der zweite sucht ein Wort aus, das mit dem gleichen Buchstaben beginnt, mit dem das letzte Wort aufhört: Auto – Ottomotor. Der dritte spielt genauso weiter. Wer weiß als Erster kein passendes Auto-Wort mehr? Er hat verloren und scheidet aus.

Formel-1-Rennwagen

Sofort Boxenstopp einlegen und Rennwagen basteln!*

Die schwierigsten Rennstrecken, die besten Fahrer und die schnellsten Autos – all das findet man in der Formel 1. Der Wettkampf findet jedes Jahr zwischen März und November statt. Die Formel-1-Piloten, wie die Rennfahrer genannt werden, starten bei 20 Rennen rund um den Erdball. Der Gesamtsieger erhält den Weltmeistertitel. Im Jahr 2010 holte der 23-jährige Deutsche Sebastian Vettel den Titel. Er ging damit als bisher jüngster Weltmeister in die Renngeschichte ein. 2011 gewann er wieder.

Der erfolgreichste Formel-1-Fahrer aller Zeiten ist Michael Schumacher. Der Pilot siegte in 91 Rennen und holte sieben Weltmeistertitel. Er startete bei 68 Rennen aus der Poleposition (sprich: Poulposischn). Das ist der beste Startplatz für den Piloten, der in den Vorrunden die schnellste Zeit fährt. All das hat sonst kein Formel-1-Pilot geschafft. Schumacher fuhr außerdem die meisten schnellsten Rennrunden und stand am häufigsten auf dem Siegertreppchen. Ein wahrhaft rekordreiches Rennleben!

* Boxenstopp = Pause während des Rennens, bei der der Rennwagen blitzschnell betankt und gewartet wird.

Spiel für die Rennfahrerparty

Wer wird Weltmeister?

Veranstaltet euren eigenen Großen Preis oder Grand Prix (sprich: groh prih), wie die Rennfahrer sagen. Legt dazu einfach eine gerade Rennstrecke fest. Sie muss so viele nebeneinanderliegende Bahnen haben, wie Mitspieler dabei sind. Stellt eure Rennwagen an den Start und wickelt das Gummiband auf. Auf los geht's los! Wer als Erster im Ziel ist, gewinnt.

Bastelanleitung für den Formel-1-Rennwagen

Du brauchst:
1 leere Plastikflasche (z. B. von Putzmittel), 4 Teelichter, Verzierwachs in Schwarz (12,5 x 4 cm), 2 Schaschlikspieße aus Holz, 1 Gummiring, Acrylfarbe in Schwarz und Rot, Filzstift in Schwarz, Pinsel, Messer, Vorbohrer, Schere, Bastelkleber

So geht's:
Fast alles für den Formel-1-Rennwagen findest du zu Hause im Vorratsschrank. Mit etwas Geschick wird daraus der schnellste Flitzer aller Zeiten! Drehst du an den Hinterrädern, wickelt sich das Gummi auf die Achse. Auto auf den Boden setzen und flitzen lassen!

Schwierigkeitsgrad: 🏁🏁🏁

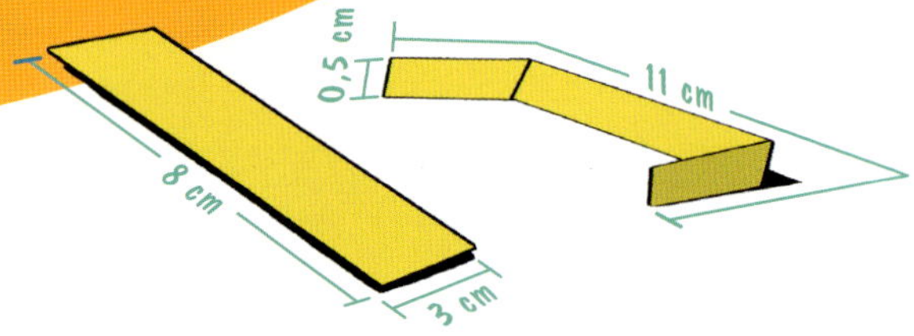

1. Reinige die Flasche sorgfältig. Nimm das Wachs aus den Teelichthüllen und bewahre es gut auf. Bemale die Hüllen außen mit schwarzer Acrylfarbe. Lasse alles trocknen.

2. Schneide mit dem Messer einen länglichen Ausschnitt in die Oberseite der Flasche.

3. Schneide aus dem Ausschnitt einen 3 x 8 cm und einen 0,5 x 11 cm großen Streifen zu. Knicke die Enden des dünnen Streifens nach jeweils 3 cm um. Klebe die beiden Streifen als Spoiler an die Flasche – der geknickte dient dabei als Stütze. Bemale den Rennwagen nach Lust und Laune mit roter Acrylfarbe. Mit dem Filzstift kannst du Schriftzüge aufbringen.

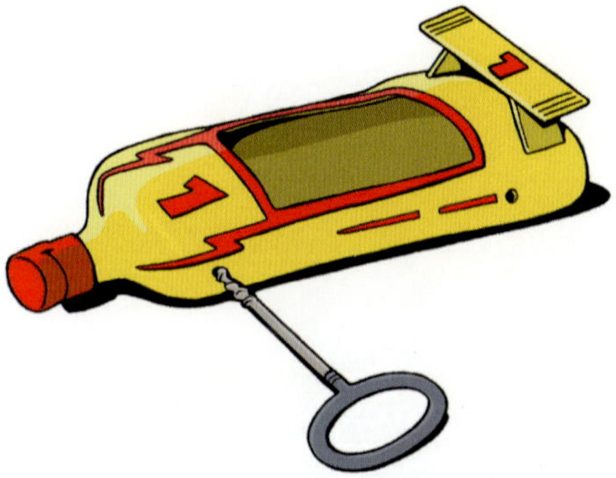

4 Stich mit dem Vorbohrer Löcher in die Seiten der Flasche. Weite sie so, dass die Schaschlikspieße locker hindurchpassen.

5 Schneide aus der Wachsfolie vier 12,5 x 1 cm lange Streifen zu. Klebe sie als Profil um die Teelichthüllen-Räder.

6 Kürze die Spieße auf 13 cm. Ziehe die Dochte aus den Wachsteilen der Teelichter. Klebe die Wachsblöcke mit Bastelkleber in die Teelichthüllen. Gib bei zwei Teelichtern einen Tropfen Bastelkleber in das Loch in der Mitte und stecke einen Spieß hinein.

7 Ist der Kleber getrocknet, führst du die Spieße als Achsen durch die Löcher an der Flasche. Gib je einen Tropfen Klebstoff in die Mitte der beiden übrigen Teelichträder und stecke die Spieße hinein.

8 Schneide den Gummiring auf. Schraube den Deckel von der Flasche, führe das Gummi von innen durch das Loch und schraube den Deckel wieder auf, sodass das Gummi am Gewinde klemmt. Knote das andere Gummiende fest an die hintere Achse. Das Gummi sollte nicht durchhängen, aber auch nicht stark gespannt sein.

Rennfahrerrätsel

Poleposition

Die Rennfahrer Rudi und Robbie fahren im Training drei Runden. Rudi erreicht eine Spitzengeschwindigkeit von 292,9 km/h und braucht 7 Minuten und 47 Sekunden. Robbie fährt 8 Minuten 3 Sekunden und wird bis zu 303,4 km/h schnell. Wer darf beim Großen Preis von der Poleposition starten?

Die Auflösung findest du auf S. 47.

Laster

Nahrung, Kleidung, Baumaterialien – viele Waren werden von Lastkraftwagen (kurz: Lkw) an ihren Bestimmungsort gebracht. Damit die bis zu 18 Meter langen und 40 Tonnen schweren Gefährte sicher unterwegs sind, werden Lkw-Fahrer besonders geschult: Sie müssen einen Lkw-Führerschein ablegen.

Auch alle anderen Autofahrer lernen in der Fahrschule die Verkehrsregeln. Die Regeln legen fest, wie schnell man wo fahren darf, wie man sich in der Dunkelheit verhalten muss und was die Verkehrszeichen wie Schilder und Ampeln bedeuten.

Leuchtende Ampeln kennst du schon vom Radfahren. Ihr rotes, gelbes und grünes Licht zeigt, wer fahren darf und wer warten muss. Außerdem beobachten Kameras den Verkehr. Wird es voll oder passiert ein Unfall, zeigen elektronische Anzeigetafeln eine Stauwarnung, eine Umleitung oder den Weg zum nächsten Großparkplatz an.

Das Navigationssystem ist ebenfalls ein cleverer Verkehrshelfer. Über Satellit erfährt es, wenn Stau oder Baustellen drohen. Schnell und sicher leitet das Gerät mit dem kleinen Bildschirm und der netten Stimme Autofahrer an ihr Ziel. Das ist besonders praktisch für Lkw-Fahrer, die ihre Ladung an ein unbekanntes Ziel bringen.

Spiel für die Rennfahrerparty

Lastenträger

Sammelt große und sperrige – aber nicht zu schwere – Lasten, z. B. Schachteln oder Lebensmittelpackungen. Wer kann die meisten Lasten in seinen Laster (ohne Deckel) stapeln und damit mindestens einen Meter weit fahren? Wenn du alleine spielst, versuche deinen eigenen Rekord zu brechen. Wie viele Gegenstände passen in den Lkw? Drei, vier, fünf … oder noch mehr?

Bastelanleitung für den Laster

Du brauchst:
1 MDF-Schachtel oder 1 Schuhkarton mit Deckel (ca. 18 x 20 x 30 cm), Acrylfarbe in Rot, Grün, Türkis und Grau, farbige Klebepunkte (1,8 cm Durchmesser), 1 Teebeutelschachtel (ca. 7 x 13 x 6 cm), Bastelfolie in Rot, Papier in Weiß, 3 Strohhalme, 3 Schaschlikspieße aus Holz, 6 Holzräder, Pinsel, Schere, Bastelkleber, Messer

So geht's:
Eine MDF-Schachtel aus stabilem Pressspan bekommst du im Baumarkt. Mit einer einfachen Pappschachtel, Farbe und Papier entsteht daraus ein cooler Laster. Er ist ein wahres Raumwunder, in dem du jede Menge Spielzeug unterbringst. Wenn du eine Schnur am Führerhaus befestigst, kannst du ihn überallhin fahren lassen.

Schwierigkeitsgrad: 

1. Bemale die MDF-Schachtel oder den Schuhkarton nach Belieben mit Acrylfarbe. Klebe nach dem Trocknen bunte Klebepunkte auf. Das ist der Anhänger.

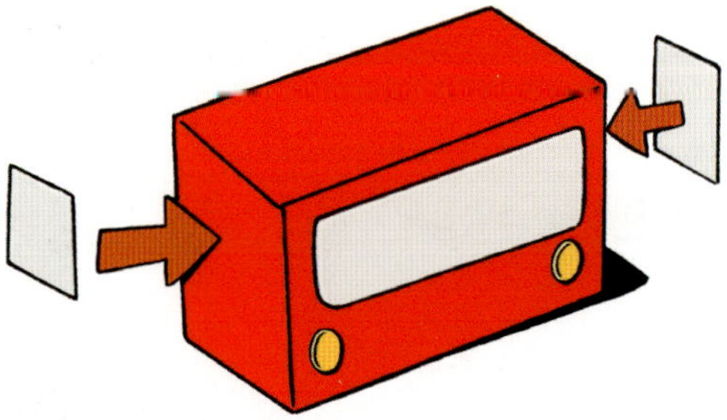

2. Beklebe die Teebeutelschachtel rundherum mit roter Bastelfolie. Das ist dein Führerhaus. Zwei gelbe Klebepunkte sind die Scheinwerfer. Schneide aus Papier eine Frontscheibe von ca. 10 x 3 cm und je zwei Seitenfenster von etwa 1,5 x 3 cm und 2,5 x 3 cm. Klebe alle Scheiben auf das Führerhaus.

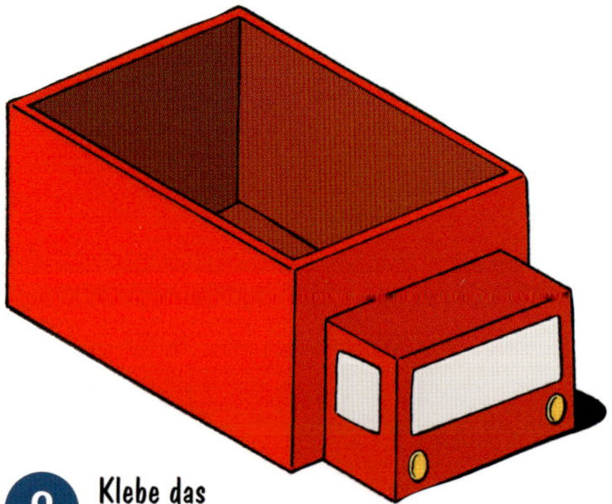

3. Klebe das Führerhaus an den Anhänger.

4. Kürze die Strohhalme auf 22 cm. Klebe einen Strohhalm an die Unterseite des Führerhauses und zwei an die Unterseite des Anhängers.

5. Schneide die Spieße auf 25 cm Länge und spitze die stumpfen Enden der Spieße mit dem Messer an. Führe die Spieße durch die Strohhalme und stecke die Räder fest auf die Enden. Fixiere sie mit einem Tropfen Bastelkleber.

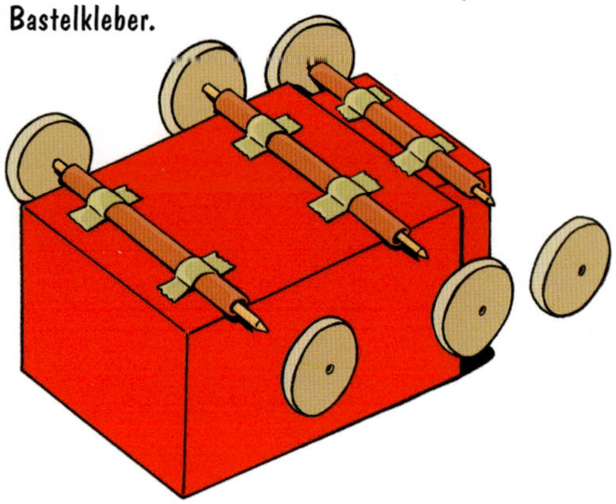

Rennfahrerrätsel

Sätze bilden

Lkw-Fahrer sind viel unterwegs und sehen jede Menge Nummernschilder. Aus den Buchstaben kann man lustige Sätze bilden, zum Beispiel:

R FS 111 — Rennfahrer flitzen schneller!

Bilde Sätze aus diesen Kennzeichen. Beginne die Sätze mit den Wörtern: Bastler, Jungs, Mädchen, Eltern.

B HS 81

EMD AMQ

J MA 32

MS IG 12

Übrigens: Dieses Rätsel könnt ihr unterwegs weiterspielen.

Die Auflösung findest du auf S. 47.

Feuerwehrauto

Feuerwehrleute löschen nicht nur Brände, sie retten auch Menschen, etwa bei Unfällen oder Überschwemmungen, und kümmern sich um die Sicherheit bei großen Veranstaltungen. Bei jedem Formel-1-Rennen sind die Retter mitten im Rennring vor Ort.

Geht über die Nummer 112 ein Notruf ein, rasen die mutigen Feuerwehrmänner und -frauen in ihren Fahrzeugen los. Starke Motoren sorgen für eine Geschwindigkeit bis 100 km/h. Im Löschgruppenfahrzeug finden neun Retter Platz. Sie haben die nötige Ausrüstung dabei, um einen Brand zu bekämpfen oder bei einem Unfall zu helfen. Finden sie mal keinen Wasserzugang in der Nähe, aus dem sie Löschwasser entnehmen können, ist ein Tanklöschfahrzeug praktisch: Es hat einen großen Wassertank und eine starke Pumpe an Bord, sodass die Feuerwehrleute sofort mit dem Löschen beginnen können. Oft kommt auch eine spezielle Feuerwehrleiter zum Einsatz. In dem Korb am oberen Ende der Leiter können die Retter in bis zu 60 Metern Höhe einen Brand bekämpfen oder Menschen retten.

Spiel für die Rennfahrerparty

Auf die Leiter!

Malt mit Kreide eine Leiter mit 15 Sprossen auf das Pflaster. Achtet aber darauf, dass dort keine Autos fahren! Stellt eure Feuerwehrautos vor die erste Sprosse. Der erste Spieler würfelt. Dann wickelt er das Gummi auf und lässt sein Fahrzeug los. Er versucht, es so viele Sprossen fahren zu lassen, wie Augen auf dem Würfel sind. Gelingt es ihm, darf er stehen bleiben und in der nächsten Runde weiterfahren. Schafft er es nicht, muss er zum Start zurück. Der beste Feuerwehrmann ist der, der zuerst mit seinem Fahrzeug ganz oben auf der Leiter steht.

Bastelanleitung für das Feuerwehrauto

Du brauchst:
1 Kinderschuhkarton, 2 leere Teelichthüllen, Rest Bastelfolie, 6 Schaschlikspieße aus Holz, 4 Deckel von Schraubgläsern, Rest Knete, 4 flache Gummiringe (etwa so groß wie die Räder), 1 runden Gummiring, Acrylfarbe in Weiß, Rot und Dunkelblau, 1 Haushaltsschwamm, Pinsel, Bastelkleber, Schere, Gelstift in Weiß, Vorbohrer

So geht's:
Wenn du an den Hinterrädern drehst, wickelt sich das Gummi auf die Achse. Schon saust das Feuerwehrauto zum nächsten Einsatz. Und im Inneren ist jede Menge Platz für deine Ausrüstung!

Schwierigkeitsgrad: 

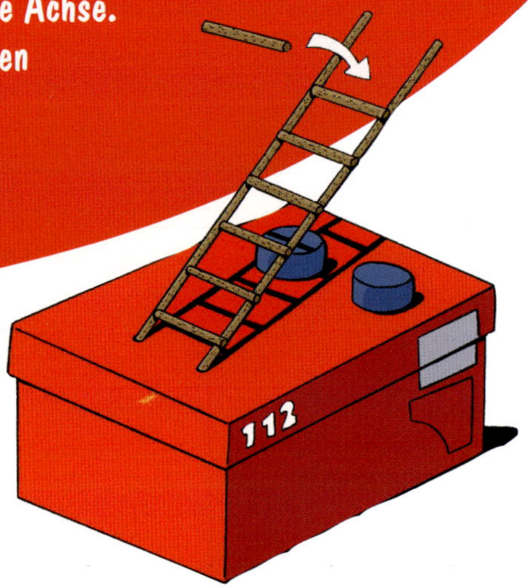

1 Schneide den Schwamm in zwei Teile. Verwende ein Stück, um den Schuhkarton und den Deckel außen mit weißer Acrylfarbe zu bemalen. Nach dem Trocknen bemalst du ihn mit dem anderen Schwamm rundherum in Rot. Schimmert später der Aufdruck noch durch, dann bringe eine weitere rote Farbschicht auf.

2 Bemale die Teelichthüllen mit blauer Acrylfarbe. Klebe sie nach dem Trocknen mit Bastelkleber auf den Deckel des Kartons.

3 Zeichne mit dem weißen Gelstift Fenster, Seitentüren, Kühlergrill und den Feuerwehr-Schriftzug auf Karton und Deckel. Ein Lineal hilft dir dabei, gerade Linien zu zeichnen. Schneide Scheinwerfer aus Bastelfolie aus und klebe sie auf.

4 Schneide zwei Spieße in 5 cm lange Stücke. Klebe sie als Sprossen auf zwei lange Spieße. Pikse mit dem Vorbohrer zwei schräge Löcher in den Deckel. Nach dem Trocknen kannst du die Leiter hineinstecken.

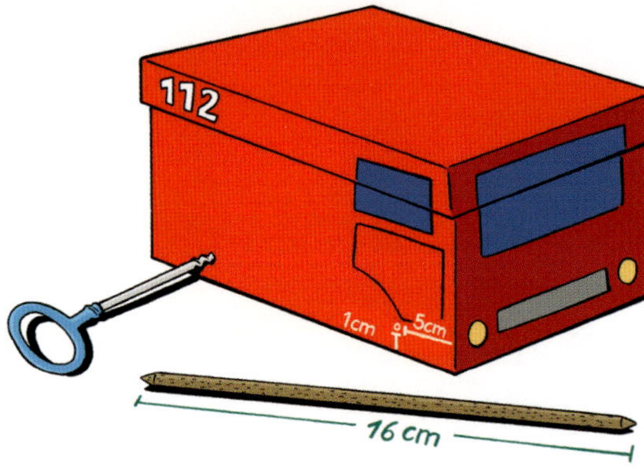

5 Pikse vier Löcher in den Karton: 5 cm vom vorderen bzw. hinteren und 1 cm vom unteren Rand entfernt. Kürze die zwei übrigen Spieße auf 16 cm.

6 Befestige die Spieße mit Bastelkleber und Knetkügelchen in zwei Deckeln. Schiebe sie nach dem Trocknen durch das Fahrzeug und befestige die anderen beiden Räder ebenfalls mit Klebstoff und Knetkügelchen. Wenn alles getrocknet ist, kannst du die Räder noch mit Kreisen aus Bastelfolie bekleben.

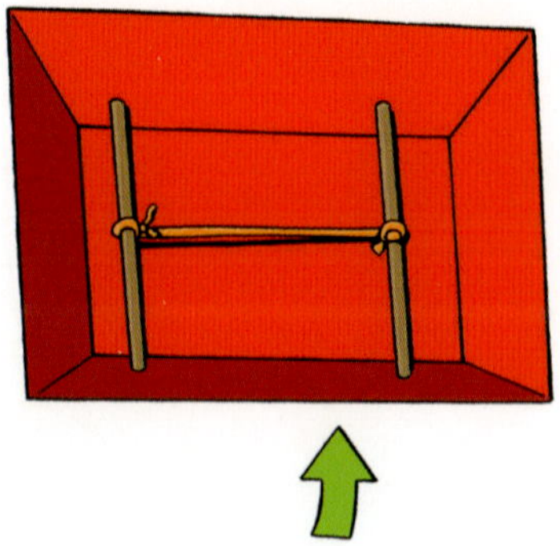

7 Lege die vier flachen Gummiringe um die Räder. Schneide das runde Gummi auf und knote die Enden fest an die beiden Achsen. Aufwickeln, loslassen und – tatütataa!

Rennfahrerrätsel

Feuerwehr-Aufgaben

Feuerwehrleute tun eine Menge Nützliches. Aber nur vier Tätigkeiten werden in ihrem Wahlspruch genannt. Weißt du, welche? Kreuze an und schreibe den Wahlspruch richtig auf.

□ helfen □ schützen □ pumpen □ spritzen □ löschen □ brennen □ bergen □ retten

Die Feuerwehr: R□□□□□, □□□□H□□, □E□□□□, S□□□□□□□

Die Auflösung findest du auf S. 47.

Vorlagen

Diese Vorlagen helfen dir bei deinen Bastelarbeiten. Lege dazu durchscheinendes Papier (Seidenpapier, Butterbrotpapier, dünnes Druckerpapier) auf die Vorlage und fahre die Umrisse mit einem Bleistift nach. Schneide entlang der Linie aus. Lege diese Vorlage auf Pappe, Fotokarton oder Papier – wie in der jeweiligen Anleitung angegeben. Schneide wieder aus.

Fahrer für das Cabrio

Seitenteile für das Solarauto

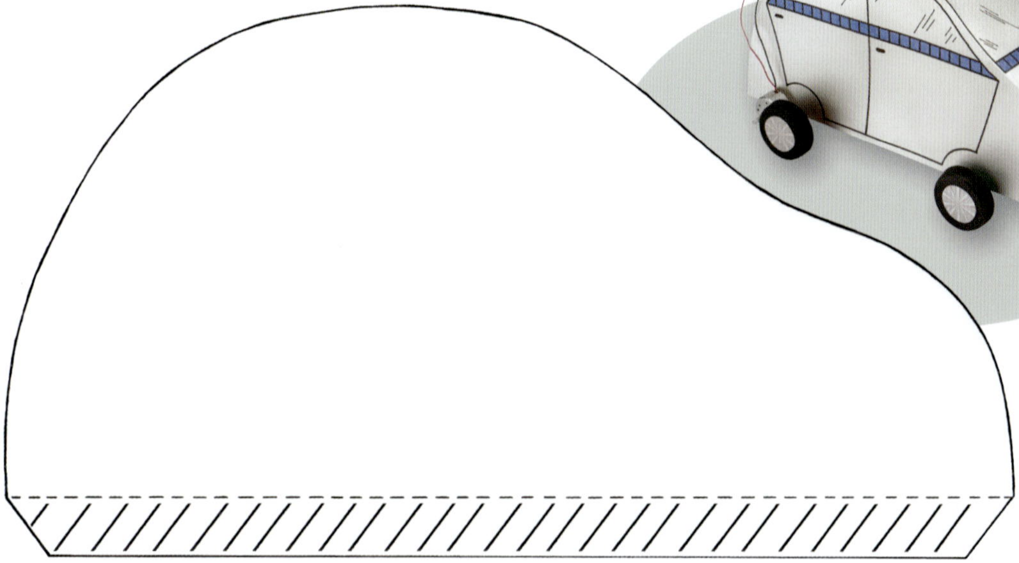

Die Vorlage für das Solarauto musst du vor dem Ausschneiden mit einem Kopierer auf 200 % vergrößern.

Schneidelinie an Front und Heck der Limousine

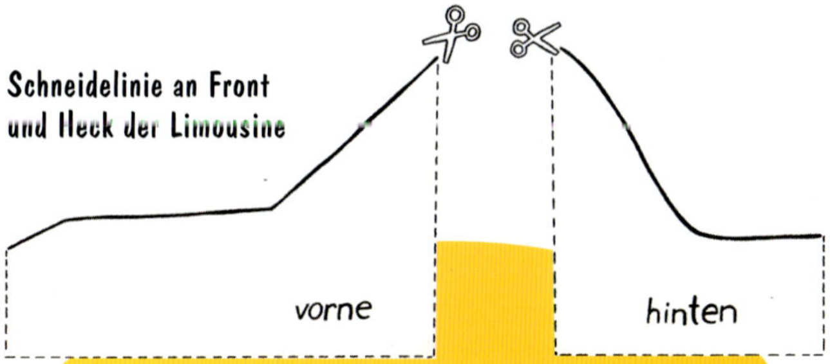

Führerschein

Hast du mindestens drei Autos gebastelt und sie erfolgreich fahren lassen? Dann hast du den Führerschein bestanden und bist hiermit ein waschechter Rennfahrer. Herzlichen Glückwunsch!

So geht's:

1. Kopiere den Führerschein auf der nächsten Seite.
2. Falte ihn an der gestrichelten Linie zur Hälfte, sodass die bedruckte Seite außen ist. Klebe die Hälften aneinander.
3. Schreibe deinen Namen auf die Linie. Kreuze an, welche Fahrzeuge du bereits gebastelt hast und daher als Rennfahrer steuern darfst.

Gute Fahrt!

Impressum

Text: Anne Scheller
Modelle: Anne Scheller (9, 13, 17, 25, 29, 33, 41), Stefanie Bergmann (21), Petra Giraud (37)
Illustration: Dorothee Mahnkopf
Redaktion: Susanne Weisser
Layoutentwurf und Satz: GrafikwerkFreiburg
Druck: Gruppo Editoriale Zanardi SRL, Italy
Fotos: Fotostudio Gummerer (9, 13, 17, 25, 29, 33, 41), Stefanie Bergmann (21), Hermann Mareth (37)

ISBN 978-3-8411-0117-4
Art.-Nr. VB110117
www.christophorus-verlag.